ADEM

De essentie van meditatie en gebed

Jonas Slaats

ADEM: DE ESSENTIE VAN MEDITATIE EN GEBED
Jonas Slaats

Yunus Publishing

*

ISBN (print): 978-90-814-9962-0
ISBN (eboek): 978-90-814-9963-7
ASIN (kindle): B00REA7DTU

D/2014/12.808/1

Volledig herziene en hertitelde druk.
Oorspronkelijk uitgegeven als
"Geen adem behalve de adem. Mediteren"
Averbode, 2007

*

*

www.jonasslaats.net
www.yunuspublishing.org

*

Omslagbeeld:
© kristo74 | Adobe stock

Zoals Mahatma Gandhi zei:
"Bidden is een verlangen van de ziel.
Daardoor is het beter om in jouw gebed
een hart zonder woorden te hebben
dan woorden zonder hart."

Inhoud

Voorwoord

Dit boek wil het innerlijke wezen van meditatie en gebed beschrijven. Het wil geest, hart en ziel naar momenten van rust en reflectie te begeleiden. Daarom bespreekt het niet zozeer de uiterlijke vormen of technische kanten van meditatie en gebed maar wel hun mentale vormen en dieperliggende geest. Het beschrijft dus op de eerste plaats hun spirituele dimensies aangezien meditatie en gebed uiteindelijk vooral spirituele handelingen zijn en geen fysieke.

Heel wat boeken over dit onderwerp richten zich op fysieke oefeningen en lichaamshoudingen die nodig zouden zijn om specifieke energiekanalen te openen. Hoewel die zeker nuttig kunnen zijn, leiden ze niet noodzakelijk tot werkelijke meditatie of gebed aangezien meditatie en gebed bovenal een kwestie zijn van verschillende 'spirituele houdingen' die de 'kanalen van de ziel' tussen onszelf en God kunnen openen.

*

De hoofdstukjes in dit boek zijn niet opgesteld volgens een strikte structuur. Door de spirituele opbouw zijn er inhoudelijke parallellen, symmetrieën en aanhechtingen tussen de verschillende hoofdstukken te vinden, maar het is niet de bedoeling om een specifieke chrono-logische, psychologische of theologische opbouw aan te reiken. Het opleggen van zo'n structuur zou enkel tot illusies leiden.

Het gaat dus niet om verschillende fasen die men de één na de ander moet doorlopen, als was er een eindpunt dat het hoogste en meest verheven doel vormt. Elke vorm van meditatie is van even groot belang op zijn juiste tijd en plaats.

Enkel de hoofdstukken over 'aanvang' en 'afronden', die uiteraard verduidelijken hoe men meditatie en gebed het beste begint en afsluit, staan om evidente redenen aan het begin en op het einde van het boek.

De hoofdstukken over de aanvang worden ook voorafgegaan door enkele algemene richtlijnen. Deze beschrijven de fundamentele concepten die men niet uit het oog mag verliezen wanneer men verder gaat met mediteren en bidden. Het spreekt voor zich dat deze geen meditaties op zich zijn maar een aantal onderliggende overwegingen uiteenzetten.

In de rest van het boek bespreekt elk nieuw hoofdstukje een andere vorm van meditatie of gebed. Ze worden volgens hun algemenere 'vorm' ge-groepeerd, maar in principe staan ze op zichzelf.

U, de lezer, wordt dan ook uitgenodigd om op geregelde tijden een stukje 'uit te testen'. Wie weet ligt een bepaalde vorm u hoegenaamd niet. Laat die dan achterwege na een aantal meditatiesessies. Maar misschien past een bepaalde vorm wel in de spirituele nood van het moment. Ga er dan maar een tijdje dieper op door. Of misschien kost een specifieke vorm heel wat moeite, maar voelt u dat hij waarde heeft. Spendeer er dan met tussenpozen wat tijd aan om het gaandeweg onder de knie te krijgen en er de echte vruchten van te plukken.

*

Een laatste voorafgaande opmerking is deze: men behoort dit boek traag in zich op te nemen. Er moet rustig op gekauwd worden om het goed te verteren. Meditatie en gebed zouden tot innerlijke vrede moeten leiden en zoals iedereen weet, wordt innerlijke vrede niet uit haast geboren.

Richtlijnen

Zoals Jalal ad-Din Rumi zei:
"Wat betreft de blinde. Als iemand wat muskus over hem heen sprenkelt, denkt hij dat dit uit hem zelf voortkomt en niet uit de vriendelijkheid van zijn vriend."

Openheid

Mediteren is open staan.
Wees open,
en ontvankelijk.

Wie zich niet openstelt
is niet in staat om te mediteren.

Wie zich niet opent voor God
kan Hem niet ervaren.

Wie zich niet open stelt
is enkel op zoek naar zichzelf.

Hoe absurd is het om uzelf te zoeken
- u bent immers al uzelf.
Een mens moet zichzelf toch niet zoeken?
Hoe kan hij naast zichzelf kijken?
U wordt immers elke seconde van de dag
met uzelf geconfronteerd.

Meditatie is zoeken naar de grond van uzelf,
naar de bron en de drijfveren.
Het is zoeken naar de oorzaak
van de strijd
en naar de mogelijkheid
van vrede
in uzelf.

En dat alles ligt niet enkel in uzelf besloten
maar bevindt zich ook buiten u.

Wie zich niet openstelt
voor wat van buiten komt,
groeit dicht
en roest.

Het water kan u doen verroesten indien u zich sluit,
maar het kan ook de dorst lessen
indien u bereid bent te drinken.

Wees dus ontvankelijk.

God

Geloof in God
is geen voorwaarde
voor meditatie.

God is slechts een naam
voor de diepste diepte van het bestaan
voor het mystieke mysterie,
voor de uiteindelijke liefde,
die zowel de bron als de verbinding is
van de schepping.

God is slechts een naam
voor de golf
die mensen dichter bijeen brengt,
die de essentie van ons wezen verder stuwt,
en die de onderstroom vormt,
van alles wat ons met schoonheid omringt.

Meditatie en gebed
Zijn moeilijk voor diegenen die niets ervaren
Van die diepste diepte,
dat mystieke mysterie,
die uiteindelijke liefde,
die golf,
die stuwkracht,
of die onderstroom.
Maar ze zijn zonder problemen te vatten
door wie slechts het kleinste onderdeel daarvan ervaart.

Iedereen kent God slechts gedeeltelijk.
Het deel waar wij ons bewust van zijn
hoeft niet overeen te komen
met de visie van anderen.

Maar hier en daar,
zo nu en dan,
haken de verschillende delen in elkaar.
Het laat ons allemaal toe
naar dezelfde realiteit te wijzen.

Want in die realiteit
zit iets verscholen
dat nog echter is dan de werkelijkheid.
En die werkelijke echtheid
wordt door religies aangeduid met 'God'.

Technieken en leraars

Er is geen techniek om God te bereiken.
Er is enkel de kunst van geven, streven en leven.
Net zoals in het bedrijven van liefde.

Een techniek brengt u nooit tot bij God
tenzij toegepast door een vruchtbare geest.

Een dorre en koude geest
die zich met voorbedachten rade tot God richt,
zal nooit Zijn onverwachte zoetheid smaken,
net zoals een dorre en koude minnaar
nooit het liefdespel kan vervolmaken.

Niet wat u doet is van belang
maar wel de hoeveelheid liefde waarmee u iets doet.

De technieken van meditatie
zijn ondergeschikt aan de geest ervan.

Integreer de technieken in uw contemplatie
maar houd uw geest steeds op God gericht
en niet op uw handelen.

Zoek u een leraar
om u de technieken aan te leren
maar maak u niet afhankelijk
van hem of zijn technieken.

Zoek u een leraar
omdat God Zich doorheen leraren openbaart
maar beperk God nooit
tot de woorden die Hem openbaarden.

Noch u noch uw leraar
zijn de werkelijke onderrichters.
Uiteindelijk is er immers maar één leraar
en dat is God zelf.

God geeft en leert
aan wie wil ontvangen
net zoals een moeder melk geeft
aan het kind dat wil groeien.

Religie

Meditatie en gebed
kunnen niet los worden gemaakt
van hun religieuze wortels en omgeving.

Wie de bloem afknipt van de stengel
zal zien dat die gauw verdort.

Meditatie is geen zelfhulptherapie.
Het is innerlijk worstelen
met uzelf, uw naaste en God.

Die worsteling gaat al eeuwen door.
Velen hebben dat voor u reeds gedaan.

Daarom zit meditatie ingebed
in traditie en wijsheid.
Het zit ingebed in een zielsmatig handelen
door de eeuwen heen.

Elke vorm van meditatie of gebed
heeft zijn oorsprong en gerichtheid.
Wie ze daarvan los maakt
ontdoet ze van hun fundament en hun dak.
Al hebt u uw huis snel gebouwd,
het zal langs alle kanten in u binnenregenen
en uw huis zal langzaam inzakken.

Gebouwd in God
en in zijn uitingen doorheen religie
zal uw huis sterker staan
en door Hem worden beschermd.

Nochtans is geloof in God van geen tel.
Hoe u het precies noemt of woordeloos laat
hoe u het precies omschrijft of beeldloos laat
maakt niet uit.

Dat u religie aanhangt is van belang
maar niet *welke* religie.

Niet de benaming of omschrijving
maar de diepgang
van wat u van binnen beweegt
zal uw vorderingen bepalen.

Zoals de Boeddha zei:

"Uw gedachten zijn als vissen die spartelen op het droge.
Vijanden die elkaar haten kunnen kwetsen, verwonden en
doden, maar nog groter is de verwoesting in de eigen ziel
van een onrustige geest.."

Gedachten

Dwing uw geest nooit leeg te worden
maar laat uw geest ook nooit ongebreideld
zijn eigen gang gaan.

Het is zinloos kwaad te worden
op uzelf
wanneer u maar niet lijkt af te raken
van zoveel gedachten.

Maar het is ook zinloos geen grenzen te stellen
aan uzelf
wanneer u maar niet lijkt af te raken
van zoveel emoties.

Uw gedachten agressief te lijf gaan,
zorgt voor nieuwe frustraties
en nog meer gedachten.
Uw begeerten botvieren
zorgt voor nieuwe verwachtingen
en nog meer begeerten.

Roep uw gedachten en gevoelens in het gareel.
Wees kordaat en eerlijk met uzelf.
Dat vergt oefening, doorzetting en vriendelijkheid.
Wees vriendelijk met uw zelf.
U hoeft uzelf en uw geest niet te slaan
of als een ezel op te jagen.

De geest is vaak warrig en chaotisch.
Dat is nu eenmaal zo.
Vergeef uw eigen geest,
aanvaard het feit dat u normaal bent
en begin opnieuw.

Vrede en rust ontstaat
wanneer men vriendelijk genoeg is
om telkens opnieuw te proberen.

Enkel geduld
overwint een ongedurige geest
zoals enkel liefde
haat transformeert
en zoals enkel de eenheid van God
verdeeldheid heelt
- van binnenuit maar toch omvattend,
langzaamaan maar toch overtuigd.

Energie

Energie stroomt door uw lichaam
met even veel zekerheid
als het feit dat u lucht inademt.
Wie de aanwezigheid van Qi of Praña ontkent
is even blind als de man die zijn ogen sluit
en zegt dat de zon niet schijnt.

Door concentratie en contemplatie
wekt u spontaan meer energie op.
Met een open geest en lichaam
kan eenieder dat zonder problemen ervaren.

Energie zal door u vloeien,
en uw lichaam en geest samenhechten.
Energie zal in en uit u vloeien
en u tot grotere eenheid brengen.

Maar wat u ook voelt,
verlies uzelf nooit in uw gevoel.
Wees steeds bewust
dat de ervaring die u heeft,
niet datgene is dat u na te streven heeft.

Ontvang het in al zijn schoonheid.
Ontvang het met blijdschap.
Maar grijp het nooit vast als het uwe
en laat het steeds ook gaan
wanneer het weer wegvloeit
zoals het kwam.

Vestig uw aandacht niet krampachtig
op energetische of astrale kunstjes.
Anders bent u niets anders
dan de circushond van uw ego.

Machtsstreven is even nefast in meditatie
als in uw dagelijks bestaan.

Het doel is niet het ophopen van energie
het doel is niet een reus van Qi of Praña te worden
het doel is niet iedereen te overtreffen
met bepaalde krachten.

Het doel is wel heilig en verlicht te worden
en dus egovrij en Godgericht.

Dissociatie

Leer niet alleen anderen,
maar ook uzelf bekijken,
zonder oordeel of vooroordeel.

Erken en herken uw patronen
zonder er aan mee te doen.

Leer de bewegingen in uw denken, hart en zijn
beschouwen en bekijken
zonder uw diepste zelf te bewegen.

Alsof u een universum bent,
en u vanuit Gods oogpunt naar uzelf kijkt
kijkt u in meditatie op uzelf toe
bewust,
maar zonder te denken.

Wat u moet leren
is dat eigenaardig onderscheid
van besef zonder gedachte,
van aanschouwen zonder benoemen.

Er is een bewuste kern in uzelf
die onveranderd blijft
al woelt en maalt alles in u
als was u niets dan chaos.

U bent uw patronen niet
zij komen enkel uit u voort.
U kan ze inzien
zonder er onmiddellijk op in te gaan.

U moet uw zelf leren onderscheiden
van uw denken en doen.
U moet een splitsing teweeg brengen
die u zelfstandig maakt
van al datgene wat u normaal verslaaft.

U bent geen speelbal
in de ban van vast bepaalde krachten,
want God gaf u keuze
– keuze van denken,
keuze van doen
en keuze van laten.

Vormen van meditatie

Er zijn drie vormen van meditatie.
Degene waarbij men zich op één punt richt.
Degene waarbij men zich op alle punten richt.
En degene waarbij men zich op geen enkel punt richt.

Het is uw bewuste kern die onveranderd blijft
en de aandacht richt
op iets, alles of niets.

Het gaat niet om aandacht in woorden of gedachten
het gaat niet om een bewustzijn in denken.
Het gaat evenmin om het louter ervaren of voelen.
Maar het gaat om het beschouwen en contempleren
zonder te hechten.

In elke vorm
wordt iets anders gadegeslagen
zonder zich in het aanschouwde te verliezen.

Het is tegelijk een samentrekken en loslaten
van lichaam, geest, hart en ziel.

Men trekt ze samen in wat men beschouwt,
nochtans blijven ze vrij.
Men bindt ze niet aan wat men beschouwt,
al worden ze er rond verbonden.

De rust van meditatie ontstaat
doordat lichaam, geest, hart noch ziel
de overhand neemt.

Geen enkel mag uw bewuste kern beheersen.
Uw bewustzijn moet uit het geheel bestaan
en niet uit enig deel.

Zoals liefde mensen niet herleidt
maar hun gehele zijn probeert te zien
zo moet uw aandacht in meditatie en gebed
liefdevol zijn
en het ene, het vele of het lege
in diepte en totaal aanschouwen
– zoals God uw ziel bekijkt.

Zoals Rabindranath Tagore zei:
"Je kan de zee niet oversteken door er naast te staan en naar het water te staren."

Oefenen

Haak niet af.
Elke dag een beetje
is beter dan teveel op één moment.

Geef niet op.
Rome werd niet op één dag gebouwd.
Evenmin wordt uw ziel op één dag gezuiverd.

Bouwen is toevoegen en ophopen.
Zuiveren is verwijderen en loslaten
zonder in te storten.
Houw elke dag een beetje van het overbodige af.

Mediteer vooral
wanneer u er helemaal geen zin in hebt
want lusteloosheid
toont de nood aan meditatie en gebed.

Een geestelijk gezond mens
straalt in ogen en hart.
En dat stralen komt er alleen
wanneer men zich langzaamaan ontdoet
van het vuil dat het innerlijke licht
verduistert en verhindert.

Komt het vuil naar boven,
schrik dan niet en loop niet weg,
maar zie het onder ogen en maak het water rein.
De wind zal er golven in blazen
en het helder water zal weer stromen.

Bent u te moe
ga dan slapen.
Hebt u honger
ga dan eten.
Maar als uw ziel honger heeft
of uw hart is in slaap gevallen
ga dan mediteren.

God zet telkens opnieuw stappen naar u
Zet u dus ook maar telkens opnieuw
stappen naar Hem.

Aanvang

Zoals Lao Tse zei:

"Wie zichzelf in het licht zet is niet verlicht.

Wie zichzelf roemt is niet beroemd.

Wie belangrijk doet is onbelangrijk.

Wie zichzelf verheft is niet verheven.

Hoog op je tenen kun je niet staan,

met stijve benen kun je niet gaan."

Ademen

Beter ademen is beter leven.

Ademen is noodzakelijk
als u wil blijven leven.
Wie stopt met ademen gaat dood.
Wie oppervlakkig ademt vervaagt.
Wie diep ademt vestigt zichzelf
in de eeuwige adem van God.

Er is geen adem
behalve DE adem.
Gegeven als een kus
blies Hij ons het leven in.

God waait over en in uw ziel.
Zijn grote kracht
schuilt in het zachte briesje
en niet in de grote storm.

Als u ademt
doe het dan rustig
en wordt één met Gods bries.

Vergeet wat u gisteren bezig hield,
vergeet wat u vandaag hebt gedaan,
vergeet wat morgen gaat komen.

Kom tot uw naakte zelf
door los te laten
wat u vasthoudt.

Wenst u dieper te gaan,
dan is eerst enkel de adem van belang.

Doe eens absoluut niets
behalve ademen,
anders wordt u een levenloze schim
die steeds achter zichzelf aanholt
zonder zichzelf ooit in te halen.

Door te ademen bent u,
en niet door te denken
zoals sommigen denken.

Nederigheid

Wees nederig.
Mocht u wonderbaarlijk en perfect zijn,
u zou geen nood hebben aan meditatie.

Daal af.
Keer in uw zelf,
maar zonder het te verafgoden.

U bent een beeld van God
maar u bent God niet.

Geef maar toe dat u niet altijd
het juiste doet
het juiste denkt
of het juiste zegt.

Geef maar toe dat u soms
fouten maakt
fout denkt
en kwaad spreekt.

Geef maar toe dat u vaak afwijkt
van dat Goddelijke beeld dat u zou kunnen zijn.

God zelf is echter geen beeld.
Hij wijkt niet af van zichzelf.
Spiegel u daar aan.

Beschouw uw foute daden steeds
in het aanschijn van Gods liefde,
Weeg uw foute gedachten steeds af
tegenover Gods waarheid,
analyseer uw woorden vanuit Gods eenheid.

U bent niet altijd consistent
u bent niet altijd consequent.
U wil liefde geven en krijgen
maar houdt ze vaak voor uzelf
en durft ze dikwijls niet aan te nemen.
Geef God dus maar niet de schuld van uw lijden.

In meditatie is God het concentratie- en referentiepunt.
In meditatie is God de focus en het tegengewicht.

Zijn diepste vrede,
die u in uzelf kan ontwaren,
is de maatstaf
en wat er niet mee overeenkomt
moet worden uitgebannen.

Houding

Zorg dat uw houding correct en stabiel is.
Wees als een rots.
Zit recht en statig.
Wees als een boom.
Zit sereen en ontspannen.
Wees als een meer.

Wanneer u merkt dat u afzwakt en inzakt
pas uw houding dan weer aan.
Wanneer u merkt dat uw gedachten dwalen
roep ze weer terug.

Recht uw lichaam.
Richt u op uw adem.
Concentreer uw geest.

Zowel lichaam als geest kunnen dwalen,
kunnen langzaam vorm verliezen.
Hervorm uw vorm als dat zo is.
Meditatie is geen relaxatie.
Meditatie is contemplatie en concentratie.

Enkel gericht en gefocust,
zowel in lichaam als geest,
zal u de vruchten smaken.

Wie zich inderdaad zo concentreert
zal gauw een lentebries voelen waaien
in zichzelf en rondom.

De energie komt dan te hulp
om de rug te rechten
en Gods Geest
om de gedachten tot rust te brengen.

Maar niet alles gaat vanzelf.
Vaak moet men door lijden heen.
Pijn in rug of ledematen kunnen vaak verstoren.
Overdrijf niet,
maar laat u ook niet bekoren
te vroeg te stoppen.
Zit gemakkelijk en comfortabel,
wring u niet in bochten,
en vermoei uw lichaam niet nodeloos.
doch bijt door waar het eerst onwennig voelt.

Niets wordt verkregen zonder moeite te doen.
En dat geldt nog het meest
voor uw innerlijke vooruitgang.

Bewustzijn

Wees u bewust van het feit dat u mediteert.
Wees u bewust van uw adem.
Wees u bewust van uw houding.
Wees u bewust van het feit dat u bewust bent.

Richt uw blik naar binnen.

Voel uw adem stromen.
Voel uw energie verspreiden.
Voel uw buik zwellen en krimpen
van adem en energie.

Voel uw rug zich rechten.
Voel uw lichaam zich ontspannen.
Voel uw geest zich concentreren.
Voel uw ziel zich verbinden.

Wees u bewust van uw meditatie
en van wat die opwekt.

Wees u bewust
dat u ook dit bewustzijn
achterwege moet laten.

Wees open, wees nederig,
wees bereid te ontvangen en te geven.

Wees u bewust van het geheel
van de ervaring waarin u zich onderdompelt.

Ga zwemmen in de oceaan
die zich helder en uitnodigend
voor u uitstrekt.

Eén-puntsmeditatie

Zoals Krishna zei:

"Als je je niet kan concentreren,
heb je geen innerlijke vrede.
En hoe kan je gelukkig zijn
zonder innerlijke vrede?"

Een uitwendig concentratiepunt

Richt u op een punt.
De vlam van een kaars.
Het gras dat vlak voor u zachtjes waait in de wind.
De glinstering van de zon op de golven.

Als een lens vernauwt u de geest,
tot u enkel het punt voor u ziet.

Omheen dat punt valt al het overige weg.
Omheen dat punt is er leegte,
en daarin zakt al het overige weg.

Dring steeds dieper door in dat ene punt.
U aanschouwt de gloed in de vlam,
het groen in het gras
of het rustpunt in de beweging van de golven.

Stel u open voor datgene waarop u zich concentreert.
Het zal u steeds dieper in zich trekken.

Dwalen uw gedachten af,
richt uw geest dan telkens op uw concentratiepunt.
Zonder kwaad te zijn
of ontgoocheld in de eigen geest
brengt u de concentratie heel eenvoudig
terug naar het door u gekozen punt.

Het kan een kaars zijn, het gras, de glinsterende golven,
maar ook een kralenketting, een beeldje of uw adem.
Het kan alles zijn,
want God zit in het hart van al wat hij schiep.

Wanneer u maar één iets overhoudt,
en het overige laat verdwijnen
wordt u vervuld door de rust
van eenvoud.

Evenzo, wanneer u niets laat bestaan behalve God,
zal Hij u tegemoet komen
en Zijn Liefdevolle rust schenken.
Hij is immers het rustpunt
in de golven van het bestaan.

Een innerlijk concentratiepunt

Concentreer uw aandacht op een punt
in uw fysieke of energetische lichaam.
Een pijnlijk punt om het te helen
of een geblokkeerd punt om het te openen.

U kan zich richten op een chakra
u kan zich richten op een onwennig gevoel
u kan zich richten op een aangeraden punt.

Nooit is dit een zaak van louter energie.
Wat u samenbalt
is niet enkel Qi of Praña
maar het geheel
van uw kracht, hart, verstand en ziel.
En deze bereiken hun grootste eenheid steeds
in liefde.

Zend dus liefde naar het door u gekozen punt.
Zend het liefde en laat het ademen.

Voel wat er ontbreekt, wringt of blokkeert.
En probeer het aan te vullen,
te verzachten of te ontwarren.

Wat iedereen ontbreekt,
wat iedereen verzacht,
wat iedereen helpt ontwarren,
is liefde.

Bal dus uw gehele zijn samen
in dit ene punt
in uw meditatie.

Net zoals God zich samenbalt
in elk deel van de schepping
om het bestaan te geven,
zo moet u zich met heel uw wezen samentrekken
in elk punt waarop u mediteert
om het opnieuw te laten stralen.

Het derde oog

Het punt tussen uw wenkbrauwen
is van oudsher gekend
als het derde oog.

Wanneer dit oog zich opent
ontvangt u inzicht
in de werking van het universum
en God.

Al houdt men de ogen gesloten,
in het derde oog kan men alles zien.

Waar de geest zich ook op concentreert,
het beschouwen gebeurt
via het derde oog.

Het derde oog is uw geconcentreerde oog
en uw concentrerend oog.
Uw andere ogen
verleiden u met de rijkdom van de wereld.
Maar met uw derde oog kan u de schoonheid
van de hemel zien.

Uw ogen zijn duaal,
u ziet goed en kwaad.
Uw derde oog is één-voud,
u beschouwt het geheel
zonder heen en weer geworpen te worden
tussen zwart en wit.

Uw derde oog is het energetisch orgaan
dat u in staat stelt
bewust te beschouwen
zonder meegesleurd te worden in gedachten.

Waarop u zich ook concentreert,
doe het bewust en vanuit uw derde oog.
Met de ogen gesloten
ziet en voelt u hetgeen waarop u focust
tussen de wenkbrauwen.
Met de ogen open
voelt u hoe uw derde oog
eveneens het tafereel aanschouwt
dat zich voor u toont.

Zowel natuur als mensen als alle andere wezens,
bekijk ze allen met een oog
van eerlijke en ongedwongen eenvoud.

Een mantra

Alles beweegt,
alles vibreert,
alles danst.

God zingt
de schepping in het bestaan.

Wie de vibratie vindt,
wie de cadans voelt
kan zijn ziel als een derwisj laten wentelen
om zijn eigen as.

God is de as van uw ziel.

Sommige klanken vibreren dieper en intenser,
zowel uitgesproken als louter innerlijk gereciteerd.

Een klank, een woord of een zin,
in pure devotie en concentratie
constant herhaald,
wekt een kracht op
die doorheen de dikste ego-muren boort.

Het in golven herhalen van een mantra
richt de geest alsmaar intenser op de inhoud.

Kies u dus een mantra
waarvan u de diepte aanvoelt.
De zin van een gebed
of de klanken van een woord
dat u vervult.

Met elke uitademhaling
blaast u de klank,
de vibratie
en de zuiverende gedachte
de wereld in.
Net zoals God
nooit ophoudt
de schepping te doordringen
met Zijn gezang.

Zoals Jezus zei:
"Wie niet als een kind wordt,
kan het koninkrijk der Hemelen niet binnengaan."

Fouten

Herkennen en erkennen van fouten
loutert hart, geest en ziel.

U weet best dat u fouten maakt,
geef dat maar eens onomwonden toe.

Bekijk uw fouten
en aanschouw ze.
Wees er niet kwaad om,
laat ze eerst voor wat ze zijn.
Geef ze gewoon toe
en wees u bewust
dat ze uit u voortkomen
en hun effecten naar u terugkeren.

Een fout woord,
een foute gedachte,
een foute daad van de dag zelf,
of een foute karaktertrek,
een foute houding,
een foute emotie die u al langer meedraagt
– in wezen zijn ze niet meer dan een knoop
die ontward moet worden.

Voel en zie waar het zit.
En laat het losweken van uw ziel.
Bekijk uzelf
als was deze fout niet meer met u verbonden.
Geef haar af aan God
vanuit een oprechte omwenteling.

Een kracht zal u vullen
van zodra u uw rug keert naar uw fouten
en u bereid bent u te verontschuldigen.

Weet dat u niet uw fouten bent,
en laat ze achter.
Telkens opnieuw.
Al hervalt u telkens weer,
laat ze steeds weer achter
en richt u weer op een zijn zonder knelpunten
– een zijn dat mediteert en ademt
en weet dat het in God bestaat

Uw bestaan is bedoeld om zuiver te zijn,
verlaat dus uw fouten van denken, doen en laten.

Stralen

Herkennen en erkennen van uw goede kanten
werkt leven gevend.

U weet best dat u een kind bent van God,
wees daar maar eens zeker van en blij om.

Bekijk uw stralende eigenschappen
en aanschouw ze
maar wees er niet overmatig hoogmoedig om.
Laat ze eerst voor wat ze zijn,
geef ze gewoon toe en wees ervan bewust
dat ze uit u voortkomen
en hun effecten naar u terugkeren.

Een juist woord, een mooie gedachte,
een goede daad van de dag zelf,
of een mooie karaktertrek, een juiste houding,
een aangename emotie die u al langer meedraagt
– verhinder ze niet en laat ze bloeien
als een bloem die de blaadjes opent
in het licht van de morgenzon.

Voel en zie waar ze zitten.
En laat ze vervolgens verder vloeien in uw ziel.
Bekijk uzelf
als werden uw stralende eigenschappen groter
Geef ze af aan God
vanuit een oprecht streven.

Een kracht zal u vullen
van zodra u toegeeft aan meer goedheid
en u bereid bent erin te volharden.

Weet dat u niet enkel
uit uw goede eigenschappen bestaat,
maar dat zij voortkomen uit een zuiver hart.
Telkens opnieuw.
Al vergeet u het telkens weer,
zuiver steeds uw hart
en laat uzelf steeds weer vullen
door wat in u straalt.

Adem, mediteer
en weet dat u in God bestaat
net zoals God in u bestaat.

Een probleem

Wanneer u innerlijk met iets worstelt,
of een spanning u inneemt
ga die dan niet uit de weg.

Angst of moedeloosheid
zullen geen oplossing bieden.

Beschouw het probleem.
Neem het in u op,
maar ga er niet in mee.

Wanneer niet duidelijk is
wat precies wringt in hart en ziel,
kom dan eerst tot de rust van de adem,
en de rust van de houding van uw meditatie.

Voel diep en intens waar in uw lichaam
het zich vooral manifesteert.
Voel diep en intens waar in uw geest
het zich vooral manifesteert.
Voel diep en intens waar in uw hart
het zich vooral manifesteert.

Waarmee is het verbonden?
Wie is er mee verbonden?
Welke herinneringen en welke gevoelens
hangen er aan vast?

Ontwar de knoop
zonder oordelen
of veroordelen.

Kijk vanuit uw bewuste kern,
en beschouw elk aspect stuk voor stuk.
En ga na hoe ze met elkaar verbonden zijn.

Kijk vanuit uw bewuste kern,
en boor er met uw geest op in
tot u ontdekt waar uw grootste knelpunt zit.

Ontdoe u van de knelling
door u te concentreren op een zelf zonder gehechtheid.
Open u voor God
en verlaat uw oude patroon.

Vergeven

Het helen van een verstoorde relatie
begint met het verwijderen
van uw eigen aandeel
– en er is altijd een deel uw eigen aandeel.

Richt uw aandacht
ook op hen die u nooit een goede gedachte toedraagt.
Richt uw liefde
ook op hen waarvan u meent dat ze die niet verdienen.

Ontdoe u van uw wrok, jaloezie of angst
– en in de meeste gevallen van alle drie.

Laat uw onbeminde
in alle vrijheid bestaan
door die persoon onbevooroordeeld te beschouwen.

Laat uw onbeminde los
door deze niet te herleiden
tot wat u er zo slecht aan acht.

Laat uw minachting varen
en stel zowel uw onbeminde als uzelf in vrijheid.

Zoals God ieder steeds de keuze laat
te zijn of niet te zijn
zo moet u ieder toelaten te bestaan.

Zij die zich niet houden
aan de grenzen van het bestaan,
zij die niet Gods wegen bewandelen,
zullen zichzelf ten gronde richten.
Daar hoeft u niet voor te zorgen.

Maar velen die verdwalen in het leven
hebben nood aan hernieuwde liefde
even zoveel als zij die zich reeds bemind weten.
Daar kan u wel voor zorgen.

Kalmeer uw geest
door te vergeven
en vergeef
door uw geest te kalmeren.

Zoals Vinoba Bhave zei:

"Enkel kennis is niet genoeg. Het kan de grote onzuiverheden in de geest wel verbranden, maar het is niet in staat de subtielere onzuiverheden weg te wassen. De subtielere onzuiverheden kunnen enkel weggewassen worden met het water van liefdevolle overgave."

Een beminde

Richt u op een geliefde.
Zend uw geliefde al uw liefde.

Uw vader, moeder, broer, zus, vriend of partner
in lichaam of ziel,
met elk van deze kan u zich verbinden.

Verbind u
en zend wat nodig is, gevraagd of gewenst.

Geef uw liefde
als was het de liefde die God jou toedraagt.

Wees zeker van het feit
dat uw liefde ook aankomt.
Wees zeker dat de ander het zal voelen.
Wees zeker dat wat u uitstraalt ook merkbaar is.

Dood noch leven
zijn een grens.
De enige grens is God,
en Hij is eindeloos en eeuwig.

Tijd noch afstand
zijn van tel.
Uw concentratie en overgave
zal de kracht bepalen.
Uw verbondenheid
gaat zo ver en zo diep
als u zelf toelaat.

Het beeld van een heilige

Kijk naar een beeld dat voor u staat.
Een heilige, een verlichte, een profeet.
Een zoon of dochter van God.
Een ziel die eeuwig straalt
en de wereld verheldert
door zijn bestaan dat de dood overstijgt.

Beschouw het beeld
en neem het in u op.

Laat het groeien,
en uw hele bewustzijn innemen,
in zijn geheel,
of door elk aspect van het beeld
in u op te nemen.

Beschouw diegene die achter het beeld schuilt
en hoe die zich met u verbindt.

Laat zijn of haar licht
uw hele bestaan innemen
door te luisteren naar fluisterende woorden
of door uw zijn in overeenstemming te brengen
met het leven en bestaan van die overtreffende.

Beschouw hoe diegene die achter het beeld schuilt
in God is ingebed
en hoe die zich daardoor over de hele wereld uitstrekt.

Laat zijn of haar aanwezigheid
uw bestaan verder het Goddelijke binnenleiden
door u te concentreren op de overstijgende ziel voor u
of door het goddelijke te zien stralen
doorheen al diegenen
die zich herenigden met hun Schepper.

Ook zonder beeld
hoeft men maar de ogen te sluiten
en hun beeld inwendig op te roepen
om hen aanwezig te maken.
Want zij die in God zijn opgenomen
zijn altijd en overal even nabij als God zelf.

Eénheidsmeditatie

Zoals Kabir zei:

"Velen weten dat het deeltje opgaat in het geheel,

weinigen weten dat het geheel ook opgaat in het deeltje."

Eenheid ontwaren

Ga in de natuur zitten.
Open de ogen
en laat alles voor u bestaan zoals het er is.

Geef geen namen aan wat u voor u ziet,
maak geen onderscheid
tussen wat u hoort, ruikt of voelt.

Laat uw concentratiepunt het geheel zijn
van alles wat zich rondom u bevindt.

U hoeft niets of niemand in vakjes te steken
want de grens tussen uzelf en de ander
hebt u zelf getrokken.

Hef alle grenzen op
door het geheel in mekaar te laten vloeien
en te laten bestaan
als één grote schepping
die uit de Schepper vloeit
en naar de Schepper weerkeert.

Oefen u in het zien van datgene
wat de eenheid in en tussen alles vormt.

Oefen u in het kijken naar alles
zonder de onderverdeling
die anderen er ooit aan gaven.

Oefen u in het beschouwen van de wereld
zoals die is en niet zoals u die graag wil bekijken.

Richt u nergens op
door alles tegelijkertijd in u op te nemen
– en voel dan
dat u in het geheel wordt opgenomen.

Laat alle verwijzing naar objecten vallen,
want alles verwijst uiteindelijk
naar het Ene subject
die als een waterval
de wereld doordrenkt
met Liefde.

Van uw kern naar het geheel

U bent hier en nu.
Nergens anders en op geen ander moment.

Nochtans bent u ook altijd geweest, zal u altijd zijn,
en reikt u verder dan u durft vermoeden
want u bent verbonden met God.

Wees u bewust van het moment
en de plaats die u daarbij inneemt.
Wees u bewust dat uw kern
onbeweeglijk mediteert
maar zich steeds omgeven weet
door verandering.

Richt u op wat u omgeeft.
Breid uw cirkel van geplaatstheid uit.
Voel rondom u alsof uw lichaam zich ook daar bevindt
waar u niet bent.

Stel u open
en neem uw omgeving in u op.
Laat al het bestaande door u heen stromen.

Ervaar de tuin waarin u zit,
de kamer waarin u zich bevindt,
of de tempel waarin u zich tot God wil richten.

Stijg uit.
Strek uw ziel uit voorbij uw omgeving.

Als zou u grijpen naar God met heel uw wezen,
breid u uit
en neem alles in u op.

Zonder oordelen,
zonder goed of kwaad,
wordt u de wind die over het gras waait
en de zon die in het water schittert.

Voel en ervaar alles wat rondom u is.
Voel en ervaar hoe u erin geworteld bent.
Het is een vruchtbare grond vol energie
die u de kans geeft naar God toe te groeien.

Van het geheel naar uw kern

Alles is verbonden.
En u heeft een plaats in dat alles.

Kijk op uzelf vanuit het Al.
Kijk op uzelf als had u de ogen van God.
Kijk op uzelf en beschouw uw zijn.
Overweeg welk pad voor u ligt.

Kijk op uw verbondenheid
met de geschiedenis en de wereld.
U heeft er een plaats in,
u heeft er een reden.
Overweeg deze vanuit het geheel.

Voel diep,
voel in uw hart,
voel met heel uw wezen
hoe u het beste in het geheel kan passen.

Alles heeft dezelfde grondslag
en toch
kan niets of niemand
uw taak vervangen.

Adem niet enkel lucht,
adem niet enkel energie
maar adem God en zijn alomtegenwoordigheid in.

Adem niet enkel lucht,
adem niet enkel energie
maar adem liefde en wilskracht uit.

Ook in u heeft de schepping vorm genomen.
Beschouw vanuit de schepping,
hoe u steeds verder geschapen wordt,
en hoe u meehelpt de schepping vorm te geven.

Zoals God steeds transcendeert
en tegelijk altijd incarneert,
zo moet u steeds
het geheel door u laten stromen
om u als een rivier
een weg door de wereld te banen.

Stromende gedachten

Laat gedachten komen en gaan.
Zoek het gat in de gedachten
en duik erin.

Wees niet kwaad op uzelf
omdat uw geest vol is van gedachten.
U hoeft ze enkel weer te laten verdwijnen
zoals ze opkwamen
als golven in de zee van uw bewustzijn.

Wanneer u gedachten niet vast houdt
verkrijgen zij een zekere rust.
Wanneer uw geest niet verkrampt op bepaalde ideeën
en uw hart niet verkrampt op bepaalde gevoelens
komt uw ziel tot rust.

Hecht geen zwaarder belang
aan bepaalde gedachten of gevoelens.
Wees enkel de toeschouwer
van de golven van uw geest.

Alle gedachten en gevoelens zijn verbonden
en waar zij aan elkaar hechten
ontstaat een kleine leegte,
een kleine toegang tot het gedachteloze.

Het gedachteloze
is het geheel van alle gedachten
waarin zij allen komen en gaan.

Het gedachteloze
is uw bewuste kern
waarin elk denken en voelen ontstaat
en waarheen het weer terugkeert.

Controleer uw gedachten en gevoelens
vanuit uw bewuste kern
zodat zij u niet gaan controleren
en u niet tot slaaf maken.

Laat al uw gedachten en gevoelens
gedragen worden door Gods liefde
zodat ze hun ware gerichtheid hervinden
en hun vrede vinden
in het stralende geheel van uw bestaan.

Zoals de Koran stelt:
"Waarheen je jezelf ook wendt,
overal zie je het aangezicht van God."

Levensvragen

In God zijn alle antwoorden aanwezig.
Wie diep mediteert op bepaalde vragen
zal uiteindelijk het antwoord vinden.

Wijsheid is evenzeer om u heen
als de lucht die u inademt.
De waarheid is daar
waar u zich ervoor openstelt.

Niet ieder zijn waarheid,
maar ieder zijn zicht op de waarheid.
U bent ingebed in de waarheid,
het is alleen moeilijk het geheel te zien.

Alle vragen die het leven opwerpt
kan men beantwoorden door ze te plaatsen
in en tegenover het geheel
en de eenheid die daaraan ten grondslag ligt.

Concentreer u op de vraag,
en haar verband met het geheel.
Beschouw de vraag vanuit het geheel
en overweeg deze als had u Gods ogen.

Graaf dieper in de vraag
en stel u open voor een fluisterend antwoord.

Graaf dieper in de vraag
door ze niet onmiddellijk te beantwoorden.

Graaf dieper in de vraag
en ervaar hoe het antwoord langzaam inhaakt
op wat u reeds weet.

Ga in dialoog met God
en diegenen die zijn wegen ten einde toe
hebben bewandeld.
Zij antwoorden altijd
aan hen die zich nederig tot hen wenden.

Reflecteer over wat profeten en wijzen
hebben gezegd
tot u begrijpt wat zij bedoelden.

Zoek de eenheid in de paradoxen
die hun woorden schijnbaar opwerpen.
Zoek het wijze in de dwaasheid
die een leven in en voor God
schijnbaar met zich meebrengt.

In liefde geen eenzaamheid

Wie zich verlaten weet
wie zich eenzaam weet
wie zich verloren weet
moet zichzelf terugvinden in God,
moet leren ervaren hoe God
altijd bij hem is,
en moet ervaren hoe liefde
hem nooit verlaat
tenzij men door eigen keuze
het geven van liefde weigert.

In God bestaat geen eenzaamheid
want God is het spel
van liefde naar liefde
omwille van liefde.

In de grotere liefde
die u altijd omgeeft,
heeft u uw eigen aandeel
en recht op bestaan.

Wordt een bepaalde liefde u ontnomen
richt u dan op de oneindigheid van Gods liefde
en hervind er de rust van het pure zijn.

Vanuit het grotere geheel van liefde
dat u altijd omgeeft
verkrijgt uw leven en bestaan een zin,
niet vanuit een beperkte liefde
die u tijdelijk werd gegeven.

Beschouw de wijze waarop u,
in dit leven, op uw eigen manier
liefde vorm moet geven.

Beschouw de wijze waarop u,
in dit leven, vanuit de grotere liefde
een taak hebt gekregen.

Beschouw de wijze waarop u,
in dit leven, aan de schepping terug kan geven
en nooit zal het u aan liefde ontbreken,
want uw bestaan zal door God zelf worden gedragen.

Ontdoe u van de knelpunten
van verwrongen liefde
waarmee u anderen krampachtig
aan uzelf wil hechten.
Geef uzelf vrijheid
door anderen in vrijheid te stellen.

Pijn in het hart wordt het best geheeld
door het laten stromen van de ziel
naar God.

Leegtemeditatie

Zoals Jalal ad-Din Rumi zei:
"Het is niet je taak liefde te zoeken, maar wel om in jezelf
alle muren te ontdekken die je opgetrokken hebt om haar
buiten te houden."

Wie zich niet kan leegmaken
kan nooit gevuld worden.

Hak de overtolligheid eraf.
Werp alle overbodigheid uit uzelf.

Centreer u rond uw navel.
Wees als een rots.
Wees onbeweeglijk.
En adem.

Laat een leegte tussen elke ademcyclus.
Na elke uitademing wacht u even.
Ook met uw gedachten.

Maak uw hoofd leeg
door alle gedachten er genadeloos uit te werpen.
Maak uw hart leeg
door geen belang te hechten aan uw emoties.
Maak uw ziel leeg
door alle ervaring te beschouwen
als louter verschillende zijnswijzen.

Alleen maar ademen
is tegelijk het meest eenvoudige
en het meest moeilijke.
Geef niet op.

Steeds wordt u aangevallen
door uw eigen gedachten, emoties en ego.
Geef niet op.

Ga door.
Noch pijn noch verwarring
mag u doen ophouden met boren
tot u leegte ervaart,
leegte ziet,
leegte smaakt.

Onderdruk niet.
Duw niet weg.
Maar maak leeg
en laat los.

Breng alles tot rust
door u van alles los te maken
en te zijn in niet-handelen.

Gebed

Zoals Jesus zei:

"Vraag en er zal je gegeven worden, zoek en je zult vinden, klop en er zal voor je worden opengedaan. Welke vader onder jullie zou zijn kind een slang geven, als het om een vis vraagt, of een schorpioen, als het om een ei vraagt? Als jullie je kinderen zo behandelen, waarom zou God dan niet de heilige Geest geven aan wie hem erom vragen?"

Vragen

Onderzoek in uw ziel wat u nodig hebt
en wees nederig genoeg om het te durven vragen.

Onderzoek in uw ziel wat u nodig hebt
maar laat los wat voortkomt uit begeerte.

Onderzoek in uw ziel wat u nodig hebt
en erken dat God het u kan geven.

God is niet diegene die er voor zorgt
dat alles goed loopt.
God is de kracht die er voor zorgt
dat u kan blijven doorzetten
wanneer alles fout loopt.

Richt uw vragen als een pijl.
Wees helder en weet wat u vraagt.

Wie twijfelend en onzeker vraagt,
krijgt een twijfelend en onzeker antwoord.

Vraag vanuit uw hart en uw ziel.
Vraag om zuivering en genezing.
Vraag om helderheid op uw pad
en sterkte in het begaan ervan.

Maar vraag niet vanuit uw ego.
Vraag niet om een ander te kwetsen.
Vraag niet om een ander te misleiden.
Vraag niet om een ander te verzwakken.
Vraag niet om te bezitten wat jou niet toekomt,
want zulke vragen leiden weg van God
en uw eigen kern.

God vervult immers niet uw verlangen
maar wel uw nood.

Vraag dus in zuiverheid om zuiverheid
en bedank God
vanuit het geloof
dat u het gevraagde onmiddellijk gekregen hebt.

Danken

De taak der engelen is
God eeuwig te bezingen
en Zijn liefde te drinken.

Wie wil baden in het licht van God
moet beseffen
dat God er hem of haar reeds mee omhult.

Wie wil baden in het licht van God
moet enkel God bedanken
en bezingen als engelen.

Wie wil baden in het licht van God
moet zich enkel openen
en Zijn liefde drinken.

Een lofzang zal spontaan
uit uw innerlijk opborrelen
wanneer u zich door Gods licht omhult weet.

Uw mantra zal pure liefde worden
die u als een kus
terug naar God wil zenden.

Danken
doet uw innerlijke longen weer openen
en diep ademhalen.

Danken
onderbreekt al uw veroordelingen
en brengt verse lucht.

Danken
leert schoonheid liefhebben
omwille van de schoonheid zelf.

In liefde leven omwille van God
is hem waarlijk bedanken.

God bedanken voor wat men heeft
is het ego
dat steeds meer wil
met een hamer van zachtheid doorbreken.

Voor anderen bidden

Bid voor uw ziel.
Bid voor uw geliefden.
Bid voor vrede.
Bid voor een wereld die verwoest wordt.
Bid voor zij die liefde missen.
Bid voor de zielen die zichzelf verloren.

Bid voor alles wat liefde nodig heeft
– en eigenlijk heeft alles liefde nodig.

Zend uw liefde
en vraag aan God om te ondersteunen.
Probeer zielsmatig nabij te zijn,
omarm en knuffel met uw geestelijke armen.
Geef vrijheid
en stuur sterkte.

In gedachten houden zoals God het zou doen
en helpen om van binnenuit te stralen,
dat is bidden.

Wanneer uw geest zich ongecontroleerd bezighoudt
met een bepaalde persoon
– door herinneringen, overwegingen of oordelen –
verbreek dan het warrige denken
door voor die persoon te bidden
en de rest even te laten voor wat het is.

Al heeft iedereen en alles de keuze
er niet voor open te staan,
uw gebed bereikt altijd zijn doel,
daar God de boodschapper is
van elk oprecht gebed.

Wanneer men bid voor iets of iemand anders,
leert men egoïsme achterwege te laten,
en leert men egocentrisme te doorbreken.

Wanneer men bid voor iets of iemand anders,
leert men geven zoals God het doet
en leert men de ander in zich op te nemen,
zoals God elke ziel in zich herbergt.

Gebeden bidden

Als u gebeden leest
moet u dat doen met volle overtuiging
en bezinning.

Woorden prevelen
heeft geen enkele zin.
Onaandachtig gereciteerde woorden
hebben geen enkele kracht.

Elke gedachte in gebed
moet ten volle opgedragen worden aan God
of uw naaste.

Als u gebeden leest
moet u dat doen met volle bewustzijn
en begrip.

Op elk woord moet u kauwen.
Enkel dan kan u het in liefde verteren
en als brandstof voor uw ziel gebruiken.

Gebeden uit gewoonte herhalen
of uit verplichting reciteren
breekt meer af dan het opbouwt.
Het stompt uw geest af
door niet te begrijpen wat u doet.

Elk gebed is innerlijk
zelfs indien het wordt uitgeroepen.

Gelezen en gesproken vanuit uw ziel
kunnen gebeden uw geest richten als een speer.

De wijsheid en overgave van zij die u voorgingen,
ligt besloten in hun gebeden.
Hun woorden
kunnen uw wijsheid en overgave op God richten.
Hun gebeden
kunnen uw ziel openen.

Oprecht herhaalde gebeden
laten God toe
zich steeds dieper in uw hart te boren.

Zoals Clemens van Alexandrië zei:
"Breng het hele leven door als een feestdag, overtuigd dat God altijd en overal tegenwoordig is, wetend dat je nooit van hem gescheiden bent."

Overgave

Geef u zelf over aan God
zodat God zich aan u kan geven.

Hij die niets vanuit het eigen ego doet,
maar God altijd door zich laat handelen,
krijgt alles gedaan.

Laat uw willetjes en grilletjes achter
en wordt een instrument van liefde.

Als u het werkelijk meent,
dat u uw geliefden bemint,
laat u dan door God leiden
want zo kan u hen het beste dienen.

Gericht op uzelf,
gericht op wat u zelf het beste vindt,
gericht op uw eigen verlangen,
bent u enkel in staat
uw eigen kleine wereld te scheppen.

Gericht op God,
gericht op wat het beste is voor anderen,
gericht op wat uw ziel moet doen,
bent u in staat
mee te scheppen aan het hele bestaan.

Vraag God
u in zich op te nemen
en laat God
zich door u kenbaar maken.

Uw ego
bracht u het lijden dat u te beurt valt,
waarom zou u er dan meer op vertrouwen
dan op God?

De ego's van anderen
brachten het lijden dat de wereld te beurt valt
waarom zou u er dan meer op vertrouwen
dan op God?

In vertrouwen en overgave
ontwart God de knoop in uw ziel
die men ego noemt.

Door vertrouwen en overgave
verbrandt u de ruwste onreinheden in uw ziel
in het heilige vuur.

Vereniging

Wanneer niets dan liefde overblijft,
wanneer er enkel een oceaan van vredevol bestaan
zich uitstrekt voor u,
wanneer alles verdwijnt in één golvende beweging
van liefde naar liefde
omwille van liefde.

Wanneer u zoetheid smaakt,
en alles glanst en gonst van puur beminnen,
wanneer alles trilt en danst
en straalt
in één gloed
van de fijnste stof van het bestaan.

Wanneer geven ontvangen wordt
en verkrijgen verspreiden wordt,
wanneer leven een kus van eenheid wordt
en de minnaar zich innig nestelt in zijn Beminde.

Wanneer u niets anders ziet
dan uw Geliefde
en u niets anders voelt
dan de blik van uw Geliefde
op uw bestaan.

Wanneer elke druppel en elke boom
het aanzicht nemen van de Beminde,
wanneer elk zuchtje wind en ook de maan
u beminnen.

Wanneer u weet
dat u bent gecreëerd
vanuit al wat u omgeeft,
dat u bestaat uit het samentrekken
van alle schoonheid rondom u.

Wanneer u oprecht kan zeggen
Ik verlies me in Jou
zonder verloren te gaan.

Dan bidt God in u
en u in God.

Vrede

Wat u ook doet,
vervult u het van God,
dan wordt het een gebed.

Wat u ook doet,
draagt u het op aan God,
dan wordt het een gebed.

Wat u ook doet,
laat u Gods liefde voor u uit gaan,
dan wordt het een gebed.

Wat u ook voelt,
bekijkt u het vanuit God,
dan wordt het een gebed.

Wat u ook denkt,
contempleert u het in God,
dan wordt het een gebed.

Wat u ook wilt,
geeft u het af aan God,
dan wordt het een gebed.

Wat u ook verwacht,
vertrouwt u op God,
dan wordt het een gebed.

Wie niets verwacht
of zich geen zorgen maakt om resultaten,
handelt uit pure liefde.

Wie niets wil
of niet bang is om te verliezen,
handelt omwille van de ander.

Wie niet kwaad denkt
of niet te vlug veroordeelt,
handelt vanuit liefde om het bestaan en de waarheid.

Wie steeds opnieuw
terugkeert naar God
om zijn doen en laten
zijn denken, voelen en willen
in vraag te stellen en bij te sturen
vindt vrede in de ziel.

Afronden

Zoals Abu Sa'id ibn Abi al-Khayr zei:
"De ware heilige beweegt zich onder de mensen, eet en slaapt met hen, koopt en verkoopt op de markt, trouwt en neemt deel aan het sociale leven, en vergeet God geen moment."

Beëindig uw meditatie of gebed
door af te dalen in uw lichaam.

Laat uw hernieuwde ziel
en uw verhelderde geest
in elk van uw cellen regenen.

Laat de rust in uw hart
zachtjes in uw poriën uitvloeien.

Word u terug bewust van uw lichaam
en uw omgeving
– trek uw bewustzijn terug de wereld in.

Open uw houding
en kijk met gezuiverde blik de wereld in.

Terwijl u zich lichamelijk uitstrekt
strekt u ook voor een laatste maal
uw meditatie-ervaring in uw innerlijk uit.

Indien een innerlijk wroeten
nog geen bezegeling heeft gekregen
neem u dan voor daar later op door te gaan.
U wordt immers niet verlicht
door één keer te mediteren,
zoals u niet heilig wordt
door één goede daad.

Laat uw gebed nazinderen
in uw lichaam, hart, geest en ziel.

Laat uw meditatie en gebed
uitvloeien in uw handelingen
groot en klein.

Laat God verder door u werken,
in al uw gedachten
groot en klein.

Laat langzaamaan uw hele leven
meditatie en gebed worden
waarin elk gebeuren en elke ontmoeting
een kus wordt
van God naar u
en van u naar God.

Zoals St. Franciscus van Sales zei:

"Mediteer minstens een half uur per dag. Tenzij je het te druk hebt; maak er dan een uur van."

Over de uitgeverij

Yunus Publishing publiceert boeken en essays rond religie, mystiek en politiek. Yunus Publishing werkt daarvoor vaak samen met andere organisaties. Enkele uitgaven zijn o.a. '*Soefisme Herzien*', '*Islam, het evolutiedebat en beeldvorming*' (i.s.m. Kif Kif) en '*Mahatma Gandhi: spiritualiteit in actie*' (i.s.m. SPES-forum).

Op de hoogte blijven van toekomstige uitgaven
Indien u in de toekomst graag geïnformeerd wordt over de nieuwe publicaties of projecten van Yunus Publishing, wordt u vriendelijk verzocht om u via de website in te schrijven op de nieuwsbrief.

Contact
Alle opmerkingen, vragen of verzoeken kan u altijd doorsturen naar mail@yunuspublishing.org.

www.yunuspublishing.org

www.yunuspublishing.org
www.jonasslaats.net